Inhalt

Langweilig

„Ich habe mich früher immer gefreut, wenn Ferien waren." Mama klingt vorwurfsvoll.

Svenja hat sich auch auf die Ferien gefreut. Sehr sogar. Aber da wusste sie noch nicht, wie schrecklich langweilig alles werden würde. Und das nur, weil Opa im Krankenhaus liegt.

Ja, es stimmt schon. Svenja war sehr erschrocken, als Mama ihr das von dem Herzinfarkt erzählt hat. Doch jetzt geht es Opa schon viel besser. Und im Kranken-haus sind massenhaft Schwestern, die sich um ihn kümmern. Da könnte Mama doch trotzdem mit ihr ans Meer fahren.

Aber Mama findet es herzlos einen alten Menschen einfach ins Krankenhaus oder Altersheim abzuschieben. Das hat sie gerade gestern wieder gesagt. Also hält Svenja lieber den Mund.

„Hör zu", schlägt Mama vor. „Wenn du dich langweilst, besuch Opa im Krankenhaus." Das ist gemein von Mama. Sie weiß genau, dass Svenja Krankenhäuser nicht leiden kann.

„Opa mag auch keine Krankenhäuser", sagt Mama. Manchmal kann sie Gedanken lesen. „Stell dir mal vor, wie es ist, wenn man nicht nach einer Stunde wieder nach Hause kann, so wie du, sondern wochenlang dableiben muss."

„Ich geh' ja schon", sagt Svenja.

Opa freut sich sie zu sehen. Er sieht auch nicht mehr so blass aus wie in der ersten Zeit und lacht schon wieder. „Wenn ich hier nur endlich rauskäme", stöhnt er. „Ich langweile mich zu Tode."

„Ich auch", seufzt Svenja.

„So schlimm?", fragt Opa. Svenja nickt. „Alles meine Schuld", sagt Opa.

Svenja schüttelt schnell den Kopf. Aber Opa winkt ab. „Lass mal", sagt er. „Ich weiß Bescheid. Ohne meinen blöden Herzinfarkt wärt ihr jetzt am Meer."

Svenja guckt ihn schuldbewusst an. Kann Opa etwa auch Gedanken lesen?

„Hör zu", sagt Opa. „Ich hab's satt. Ich will mal wieder was anderes sehen als dieses Zimmer."

Opa setzt sich auf, schwingt die Beine aus dem Bett und zieht seinen Bademantel an. In dem Moment kommt eine Schwester.

„Was haben Sie denn vor?", fragt sie.

„Oh, nichts", antwortet Opa.

„Das sehe ich", sagt die Schwester. „Marsch zurück ins Bett. Sie wissen doch genau, dass sie noch nicht rumlaufen dürfen. Oder wollen Sie den nächsten Infarkt riskieren? Laufen ist viel zu anstrengend für Sie."

Es hilft nichts. Opa muss gehorchen. Traurig sitzt er auf der Bettkante.

Da hat Svenja plötzlich eine Idee. Draußen auf dem Flur in einer Ecke, da standen doch …

„Warte mal kurz", sagt sie und schon ist sie weg. Zwei Minuten später ist sie wieder zurück – mit einem Rollstuhl. „Du darfst zwar nicht laufen", sagt sie. „Aber ich kann dich schieben. Setz dich einfach rein."

Opa will erst nicht. Er hat Angst, dass er zu schwer ist für Svenja.

„Quatsch", sagt Svenja „*Du* hattest einen Herzinfarkt, nicht ich." Da muss Opa lachen und setzt sich brav in den Rollstuhl.

Svenja schiebt los. Es geht eigentlich ganz gut. Blöd ist nur, dass Opa so groß ist und Svenja nicht richtig sehen kann, wo sie hinschiebt. Deshalb ruft Opa dauernd: „Vorsicht, Ecke! Mehr nach rechts! Achtung, Gegenverkehr!"

Svenja muss lachen, weil der Rollstuhl ganz schön schlingert. Außerdem gucken sich alle Leute nach ihnen um. Auch die Schwester von vorhin. Sie zieht die Augenbrauen hoch. Doch dann sagt sie nur: „Na, meinetwegen. Aber nicht so wild."

Svenja fährt Opa durchs ganze Krankenhaus und das ist ziemlich groß. Sogar eine Cafeteria gibt es dort und Svenja bekommt ein Eis geschenkt. „Weil du dich so schön um deinen Opa kümmerst", sagt die Frau hinter der Theke.

„Na, siehst du", sagt Opa, als sie wieder draußen sind. „Das lohnt sich doch richtig, dass du mich hier durch die Gegend schiebst. Vielleicht sollten wir uns ein Schild umhängen: ‚Spenden werden gern

entgegengenommen!' oder so ähnlich. Was meinst du? Oder findest du ‚Füttern verboten' besser? So wie die uns alle hier anstarren, steckt mir sicher bald jemand eine Banane zu wie den Affen im Zoo. Und ich mag keine Bananen, das weißt du."

Svenja muss so lachen, dass sie sich fast in die Hose macht. Aber nur fast. Sie hätte nie gedacht, dass es im Krankenhaus so lustig sein kann. Langweilig ist ihr jedenfalls nicht mehr. Und Opa auch nicht, das sieht man.

Morgen wollen sie den ganzen Tag Fahrstuhl fahren. Opa meint, es gibt mindestens zwanzig Stück in diesem Krankenhaus. Gut, dass Svenja Ferien hat, da kann sie gleich nach dem Frühstück kommen.

Idiotische Spiele

Julian ist sauer. Papa hat ihm seinen Gameboy weggenommen. „Beschlagnahmt für die Dauer der Ferien", hat er gesagt. „Damit du nicht wieder ständig auf dieses bescheuerte Ding glotzt, sondern ausnahmsweise auch mal was von Land und Leuten siehst. Dafür fahren wir schließlich ins Ausland. Deine idiotischen Spiele kannst du zu Hause spielen."

Julian ist so sauer, dass er nicht mehr mit Papa redet. Die ganzen Ferien wird er kein Wort mehr mit ihm sprechen. Und deshalb sitzt Julian jetzt hier auf der

Kaimauer und baumelt mit den Beinen.
Mama und Papa besichtigen den Ort
allein. Damit er ihnen mit seiner schlechten
Stimmung nicht alles verdirbt. Julian soll
hier auf sie warten. Und wehe, wenn er
sich von der Stelle rührt. Aber Julian hat
sowieso keine Lust sich zu rühren. Er
bewegt sich überhaupt nicht gern.

   „Hey", sagt plötzlich eine Stimme.
   Vor Julian steht ein fremder Junge,

grinst ihn an und sagt irgendetwas. Julian versteht ihn nicht. Er kann kein Türkisch. Doch das macht dem anderen überhaupt nichts aus. Er redet einfach weiter und zieht Julian dabei am Ärmel. Dann geht er los und winkt Julian, dass er mitkommen soll.

Warum eigentlich nicht? Die ganze Zeit auf der Mauer rumsitzen ist langweilig und die Eltern kommen bestimmt nicht so bald.

Julian springt von der Mauer und folgt dem Jungen. Der winkt ihn immer weiter, und als Julian zögert, fasst er ihn am Arm und zieht ihn hinter sich her. So ganz geheuer ist Julian das nicht, aber umkehren mag er auch nicht. Sie klettern über einen Wall aus Steinen. Dahinter liegt ein freier Platz und dort stehen fünf, nein, sechs Jungen.

Einer von ihnen ist schon ziemlich groß, die anderen sind etwa so alt wie Julian. Alle starren ihn neugierig an.

Am liebsten würde Julian jetzt doch
abhauen. Der, der ihn mitgebracht hat,
redet auf die anderen ein und die nicken
alle und lachen freundlich. Das macht
Julian wieder Mut. Dann kommt der
Große auf ihn zu und gibt ihm die Hand.
„Ich bin Osman. Willst du mitspielen?"
    Julian ist so überrascht, dass er nur
nickt.

„Wie heißt du?", fragt Osman.

Da findet Julian seine Sprache wieder und sagt nicht nur seinen Namen, sondern fragt Osman auch gleich, wieso er Deutsch kann.

„Ich komme aus Berlin", antwortet der. „Wir wohnen dort. Bin auch nur zu Besuch hier."

Na klar, das hätte Julian sich auch

denken können. In seiner Klasse sind schließlich auch drei Türken. Aber dass die hier aus diesem Land kommen, in dem er mit seinen Eltern Ferien macht, daran hat er bis jetzt noch gar nicht gedacht.

„Komm", sagt Osman. „Wir schießen Blechdosen mit Steinen von dem Felsen runter. Willst du auch mal versuchen?"

Julian nimmt einen Stein auf und wirft. Daneben! Die anderen lachen. Julian versucht es noch einmal. Der Stein fliegt nicht ganz so weit an der Dose vorbei ins Meer wie der erste. Danach wirft Osman und trifft. Alle nicken anerkennend. Julian fühlt sich ziemlich blöd. Aber dann probieren es die anderen und treffen auch nicht alle.

Als sie irgendwann keine Lust mehr zum Zielwerfen haben, spielen sie Fußball mit der Dose. Julian schießt sogar ein Tor und die anderen schlagen ihm dafür auf die Schulter. Julian hat in

seinem ganzen Leben noch nie ein Tor
geschossen beim Fußball. Er ist mächtig
stolz.

Aber dann fährt ihm plötzlich der
Schreck in die Glieder. Die Eltern! Die
warten bestimmt schon auf ihn. Er
verspricht, dass er morgen wiederkommt,
und rennt los.

Und tatsächlich: Papa brüllt schon von weitem. Nur weil Mama so froh ist, dass er wieder da ist und ihm nichts passiert ist, hört er schließlich auf und Julian kann erzählen, wo er war.

„Siehst du", sagt Mama danach zu Papa, „hättest du ihm seinen Gameboy gelassen, wäre er auch nicht weggelaufen. Du wolltest doch immer, daß er Sport macht."

Julian denkt, er hört nicht recht. Noch mehr staunt er aber, als Papa antwortet: „Du hast ja Recht. Ich geb' ihm das Ding sofort zurück. Da weiß ich doch wenigstens, wo der Junge ist und was er macht."

„Nein danke, Papa", lehnt Julian höflich ab. „Ich will morgen lieber wieder zu Osman und den anderen. Meine idiotischen Spiele kann ich ja auch zu Hause spielen."

Da ist Papa so erstaunt, dass er nur den Mund auf und zu klappt und überhaupt nichts mehr sagt. Noch nicht einmal, als Mama und Julian anfangen zu lachen. Dabei kann Papa es überhaupt nicht leiden, wenn man über ihn lacht.

Das Kälbchen

„Wenn wir schon Ferien auf dem Bauern-
hof machen, dann sollten die Kinder so
etwas auch miterleben", sagt Papa.

„Au ja! Bitte, bitte!" Yannik und Julia
gucken Mama flehend an. „Das Kälbchen
soll heute Nacht kommen, hat die Bäuerin
gesagt. Und sie hat auch gesagt, dass wir
dabei sein können."

„Ich weiß nicht." Mama ist unsicher. „Nicht alles an einer Geburt ist schön. Da gibt es auch Blut …"

„Das macht uns nichts aus." Yannik und Julia versuchen möglichst mutig auszusehen.

„Pass auf", schaltet sich Papa wieder ein. „Wir können den beiden das nicht verbieten. Aber allein sollten sie dabei auch nicht sein. Ich schlage vor, wir übernachten alle vier im Stall. Ich habe auch noch nie gesehen, wie ein Kälbchen geboren wird."

Yannik und Julia springen vor Freude hoch und umarmen den Vater. Jetzt hat Mama bestimmt nichts mehr dagegen. „Meinetwegen", sagt sie und lächelt.

Sie holen sich vier Klappstühle und Decken und machen es sich, so gut es geht, im Stall bequem. Die Bäuerin ist im Haus. „Ich komme alle Stunde mal gucken. Das reicht", hat sie Mama und Papa gesagt.

Die vier sitzen einfach nur da und warten. Die Tiere kauen und stampfen, manchmal husten sie auch und die Ketten, mit denen sie angebunden sind, klirren leise. Über der Kuh, die das Kalb bekommen soll, brennt eine kleine Lampe.

Lange Zeit passiert überhaupt nichts. Yannik und Julia sind schon ein wenig eingedöst, da muht die Kuh plötzlich laut und tritt unruhig von einem Bein auf das andere.

„Ich glaube, jetzt geht es los", sagt Papa. Yannik und Julia sind sofort hellwach.

„Wir müssen der Bäuerin Bescheid sagen", meint Mama. Doch als sie zur Tür geht, kommt die Bäuerin gerade in den Stall.

Sie geht zu der Kuh und tätschelt ihr leicht den Kopf. „Wird schon gut gehen, Alte", sagt sie. „Machst das ja nicht zum ersten Mal."

Die Kuh steht jetzt wieder ganz ruhig.
Doch dann beginnen ihre Flanken zu
zittern und sie stöhnt.

„Seht ihr, das war eine Wehe", sagt die
Bäuerin.

„Damit drückt sie das Kalb raus", flüstert
Mama.

Die Bäuerin stellt sich hinter die Kuh,
hebt den Schwanz und fühlt, wie weit das
Kalb ist. „Es dauert nicht mehr lange",
sagt sie dann. „Das ist ihr fünftes Kalb.
Da geht das ganz schnell. Wenn 'ne Kuh
zum ersten Mal kalbt, dann kann das

schon mal ein paar Stunden dauern. Aber unsere Bella hier wird uns wohl nicht lange wach halten."

Bella zittert jetzt immer häufiger. Über ihren Körper laufen Wellen und sie stöhnt jedesmal dabei.

„Es tut ihr weh", flüstert Julia.

„Ja, ja", sagt die Bäuerin. „Ein wenig schon. Aber nicht so wie beim ersten Mal. Du musst keine Angst haben. Unsere Bella hält das schon aus. Die ist wirklich ein Profi."

Die Bäuerin steht neben Bella und streicht ihr sanft über die Flanken. „Sie hat's gern, wenn man bei ihr ist", sagt sie. „Kühe sind nämlich sehr empfindsame Tiere. Ich bin froh, dass wir hier nur einen kleinen Stall haben. So können wir uns richtig um unsere Tiere kümmern. Wenn die in so einem riesigen Stall stehen, dauernd nur Milch geben sollen und sich kaum bewegen können, das finde ich schrecklich."

Sie will weiterreden, aber Bella unterbricht sie. Sie muht einmal ganz laut und Yannik ruft: „Es kommt, ich seh' was."

Und tatsächlich: Man kann ein Bein sehen und gleich danach ein zweites. Yannik und Julia fassen sich an der Hand und Mama und Papa auch.

Die Bäuerin tritt wieder hinter Bella und sagt: „Na, dann wollen wir dir mal ein bisschen helfen." Dann fasst sie mit beiden Armen an den Beinen vorbei in Bella hinein und drückt mit aller Kraft.

„Ich drücke den Kopf runter, dann hat sie es etwas leichter", erklärt sie. Und zu Bella sagt sie: „Nun press mal schön, dann haben wir's gleich."

Bella zittert jetzt sehr stark. Sie wirft den Kopf nach hinten, stöhnt und tritt sogar nach der Bäuerin. Aber dann plötzlich – Yannik und Julia haben gar nicht genau gesehen, wie – ist der Kopf da. Die Bäuerin zieht noch einmal kräftig an den Beinen und das Kalb ist geboren.

Bella schnauft erleichtert. Die Bäuerin geht nach vorn und legt ihr das Kalb vor die Schnauze. Bella fängt sofort an es zu lecken. Das Kalb ist nämlich ganz nass, voll mit so einer Art Schmiere und blutig ist es auch. Bella leckt es trocken und sauber.

Und dann – nach ein paar Minuten

schon – versucht das Kalb aufzustehen. Einmal und noch mal. Jedesmal knickt es wieder ein. Doch dann steht es plötzlich: Wacklig zwar, aber es steht.

Yannik und Julia klatschen Beifall und Bella dreht sich zu ihnen um, als wollte sie sagen: „Seht ihr", und dann leckt sie weiter.

„Es ist ein Stierkalb", sagt die Bäuerin. „Ein Junge sozusagen." Sie lacht.

Yannik und Julia gucken ehrfürchtig auf Bella und das Kalb. Wenn sie das zu Hause ihren Freunden erzählen, dass sie bei einer richtigen Geburt dabei waren … Aber vielleicht werden die das gar nicht verstehen. Vielleicht muss man das miterleben um zu wissen, was das für ein Gefühl ist.

„Gut, dass ihr uns überredet habt, dabei zu sein", sagt Mama. Und dann umarmt sie beide und gibt ihnen einen Kuss.

Das Abenteuer

Dass sie heute eine Höhlenwanderung machen, findet Felix wirklich toll.

„Ich habe dir doch versprochen, dass du in diesem Urlaub ein richtiges Abenteuer erlebst", sagt Papa.

Ehe sie losfahren, schickt Papa Felix noch einmal ins Ferienhaus zurück, damit er für alle dicke Jacken holt und lange Hosen. Dabei ist es draußen so warm, dass man im Auto kaum atmen kann. Aber Papa behauptet, in der Höhle würde es eiskalt sein.

Sie fahren ziemlich lange, immer weiter in die Berge hinein. Hoffentlich verlaufen wir uns in der Höhle nicht, denkt Felix. Er hat mal einen Film gesehen, da sind vier Männer verhungert, weil sie aus einer Höhle nicht mehr herausgefunden haben.

Papa bremst und sagt: „Wir sind da." Dabei ist hier nur ein ganz normaler Parkplatz.

„Wo ist denn die Höhle?", fragt Felix.

Papa lacht und sagt: „Wart's ab. Ich hol' erst mal die Karten."

Was denn für Karten? Felix begreift überhaupt nichts. „Ich denke, wir machen eine Höhlenwanderung!"

„Ja, natürlich, mein Schatz", antwortet Mama. „Deshalb kauft Papa doch die Karten."

„Muss man denn Eintritt bezahlen für die Höhle?", fragt Felix.

„Na klar", antwortet Mama. „Da kann man nicht einfach so rein. Das ist viel zu gefährlich. Wir machen eine Führung."

In dem Moment kommt Papa zurück. „Wir müssen da hochsteigen", sagt er und zeigt auf eine schmale Steintreppe, die in den Berg gehauen ist. „Der Eingang ist oben."

Und dann marschiert er los und Mama hinterher. So merkt niemand, wie enttäuscht Felix ist. Das soll also das versprochene Abenteuer sein. Felix hat sich vorgestellt, dass sie alle drei ganz allein in eine Höhle kriechen und dann alles genau erkunden. Er hat sogar davon geträumt, dass sie einen Schatz finden oder wenigstens ein paar Knochen von einem Dinosaurier. Stattdessen machen sie eine Führung, genau wie in den langweiligen Museen, in die Papa und Mama so gern gehen.

Grimmig stapft Felix die steile Treppe hinauf. Oben angekommen müssen sie sich in einer Schlange anstellen. Felix zieht die lange Hose und die Jacke an. Dann geht es in die Höhle. Der Führer

sagt, dass sie aufpassen sollen, damit sie nicht ausrutschen, weil der Gang glitschig ist. Es ist nämlich so feucht in der Höhle, dass das Wasser von den Wänden tropft.

Überall sind kleine Lämpchen angebracht. Felix braucht noch nicht einmal die Taschenlampe, die er extra

mitgenommen hat. Er wird Papa nie mehr
glauben, wenn der ihm wieder einmal ein
Abenteuer verspricht. Das Einzige, womit
Papa Recht hatte, war, dass es wirklich
kalt in der Höhle ist. Felix zieht die Jacke
fester um seine Schultern.

Papa dreht sich um und lacht ihn an.

„Na", fragt er, „wie gefällt es dir?" Felix
antwortet nicht. Doch Papa scheint das
nicht zu stören. „Los", sagt er, „du bist
klein. Du kannst an den anderen vorbei.
Geh nach vorn, da kannst du besser
sehen."

Felix weiß zwar nicht, was es hier zu sehen geben soll außer ein paar nassen Felsen, aber er geht trotzdem.

Vorn winkt der Führer Felix zu sich und sagt: „Komm her. Du bist der Erste, der es sehen wird. Pass gut auf."

Felix will gerade fragen, worauf denn, da weitet sich der Gang und sie stehen in einer riesigen Höhle. Eigentlich ist das mehr ein Saal, nur viel, viel größer. Und dieser Saal ist voll mit merkwürdig geformten Säulen und Türmen. Einige wachsen vom Boden nach oben, andere hängen von der Decke herab. Und mittendrin liegt dunkel und tief ein See.

Der Führer geht zur Seite, man hört ein leises Klick und dann ist plötzlich alles in warmes Licht getaucht. Und da sieht Felix erst, dass die Säulen und Türme in verschiedenen Farben schillern: rot und gelb, manche auch grün und schwarz. Felix muss tief Luft holen, so schön ist das. Fast ein bisschen unwirklich.

Plötzlich ist Papa neben ihm. Er legt
ihm den Arm um die Schulter: „Ich weiß,
selbst entdeckt haben wir die Höhle
nicht gerade. Aber ich finde, das hier ist
einfach überwältigend. Oder hättest du
gedacht, dass es so etwas so tief unter
der Erde gibt? Stell dir mal vor, wie sich
die Menschen gefühlt haben, die das hier
zum ersten Mal gesehen haben. Natürlich
hatten die damals viel weniger Licht als

wir heute. Aber das Licht zeigt uns erst,
wie schön das alles ist. Also haben wir es
fast besser."

Felix schmiegt sich an Papa. Enttäuscht
ist er nicht mehr. Und als sie weiter in die
Höhle hineingehen, entdeckt er doch
tatsächlich einen Schatten an der Wand,
der wie ein Dinosaurier aussieht.

Wasserscheu

Alle anderen können schwimmen, nur
Mirjam nicht. Mirjam ist nämlich wasser-
scheu. Das sagen die anderen jedenfalls.

Und nun fährt Mama mit ihr in den Ferien
an die Ostsee, damit sie schwimmen lernt.
Mirjam hat überhaupt keine Lust dazu.
Aber Mama hat ihr versprochen, dass sie
nicht ins Wasser muss, wenn sie nicht
will. Und außerdem hat sie gesagt, dass
das Wasser in der Ostsee salzig ist. Und
salziges Wasser trägt einen besser. Man
geht darin nicht so leicht unter wie in
normalem Wasser.

Das mit dem Salz stimmt. Das hat
Mirjam gleich am ersten Tag getestet.
Aber mehr als die Zehen steckt Mirjam
trotzdem nicht ins Wasser. Und Mama
hält Wort und sagt nichts.

Alle anderen Kinder sind im Wasser. Die
meisten schwimmen gar nicht. Sie spielen
Ball, paddeln auf Luftmatratzen oder

spritzen sich nass. Vorn ist es ganz flach.
Das Wasser geht den anderen Kindern
nur bis zu den Knien. Mirjam braucht ja
nicht weit reinzugehen. Nur mal probieren,
wie es ist. Das Wasser ist warm. Und die
kleinen Wellen spielen um ihre Knie-
kehlen.

Mama ist nicht mitgekommen. Sie winkt ihr vom Strand aus zu und Mirjam winkt zurück. Als Mirjam sich wieder umdreht, steht ein Mädchen vor ihr. Es ist einen ganzen Kopf größer als sie.

„Na", fragt sie. „Trauste dich nicht weiter rein?"

Mirjam schüttelt den Kopf.

„Heißt das jetzt ja oder nein?", fragt die andere.

„Nein", sagt Mirjam und merkt, dass sie Angst bekommt. „Ich kann nicht schwimmen."

„Konnte ich auch nicht", sagt das Mädchen. „Hatte immer unheimlichen Schiss vorm Wasser. Aber hier nicht. Das Wasser trägt dich echt. Flori hat mir Toter Mann beigebracht. Soll ich's dir zeigen?"

Ehe Mirjam antworten kann, legt sie sich flach auf den Rücken ins Wasser. Einfach so. Direkt neben Mirjam. Und sie geht nicht unter.

„Toll, was?", fragt sie, als sie wieder

senkrecht steht. „Soll ich dir zeigen, wie
das geht?"

Mirjam schüttelt wieder den Kopf.

„Na ja", sagt die andere. „Im Kopfschütteln biste schon ganz gut. Ich heiß'
übrigens Alexandra. Aber alle sagen Alex
zu mir. Wir haben den Strandkorb neben
euch. Wenn du's dir anders überlegst,
brauchste mir nur Bescheid zu sagen."

Diese Alex ist wirklich sehr nett. Aber

Toter Mann? Mirjam weiß nicht so recht. Bei Alex sah es ganz leicht aus. Aber Mirjam hat ja noch nicht einmal Schwimmflügel.

„Brauchste nicht", sagt Alex. „Die stören nur. Du legst dich einfach hin. Wie auf 'ne Luftmatratze. Das hat Flori immer gesagt. Nur dass die eben aus Wasser ist. Das Einzige, was du brauchst, ist Vertrauen. Ist auch von Flori. Der ist letzte Woche schon abgereist. Sonst würd' ich ihn holen. Aber so musste eben mit mir vorlieb nehmen. Na, was ist?"

„Morgen vielleicht", sagt Mirjam.

„Na, das ist doch was." Alex nickt zufrieden.

In dieser Nacht schläft Mirjam schlecht. Sie träumt von Alex und von toten Männern und von Wasser, furchtbar viel Wasser.

Morgens am Strand hat sie sich gerade ihren Badeanzug angezogen, da steht Alex schon vor ihr.

„Gehen wir?", fragt sie.

Mirjam nickt zaghaft: „Aber nur ins Flache."

„Klar", antwortet Alex. „Oder glaubst du, ich hab' Lust, dass du absäufst. Keine Angst, ich halte dich fest. Du legst dich einfach auf meine Arme."

„Aber ich bin doch viel zu schwer", wendet Mirjam ein.

„Mensch", sagt Alex. „Ich hab' doch gesagt, das Wasser trägt dich. Die Arme sind nur zur Stütze da. Du glaubst mir wohl immer noch nicht?"

„Doch", sagt Mirjam. Und weil sie das gesagt hat, muss sie es nun auch tun.

Alex kniet sich ins Wasser – so flach ist es hier – und Mirjam legt sich vorsichtig auf den Rücken.

„Hintern hoch", schreit Alex. „Du schleifst ja im Sand." Da rollt Mirjam auch schon auf die Seite. Doch weil es hier so flach ist, steht sie sofort wieder auf ihren Füßen. Sie hat noch nicht einmal Wasser geschluckt.

„Ja, ja", kommentiert Alex. „Üben, üben, üben. Das hat Flori auch immer gesagt."

Und so üben und üben sie. Mirjam schluckt irgendwann doch einmal Wasser und eigentlich hat sie danach keine Lust mehr. Aber Alex lässt nicht locker. Und plötzlich, als sie eigentlich beide schon aufgeben wollen, liegt Mirjam flach auf dem Wasser und das Wasser trägt sie.

Alex nimmt vorsichtig ihre Hand unter Mirjam weg. „So", sagt sie, „jetzt kannst du's. Der Rest ist kinderleicht. Wenn man erst mal begriffen hat, dass das Wasser einen wirklich trägt, dann lernt man auch schwimmen. Das ist auch von Flori. Aber das haste dir wahrscheinlich schon gedacht, oder?"

Mirjam nickt.

Alex guckt sie kritisch an: „Ich glaube, ehe ich dir zeige, wie man schwimmt, muss ich dir erst mal das Reden bei- bringen. Immer nur Kopfschütteln oder

Nicken. Ist ja totlangweilig. Kannste nicht anders oder willste nicht?"

Da lacht Mirjam und schmeißt sich auf Alex und taucht sie unter. Dabei kreischen sie so laut, dass Mirjams Mutter zum Wasser gelaufen kommt.

„Alles in Ordnung", ruft Mirjam ihr zu. „Ich lerne bloß schwimmen." Mehr kann sie nicht sagen, weil Alex gerade versucht sie unterzutauchen.

Amerika

„Wir fahren nach Amerika", erzählt
Thomas in der Pause.

„Mensch, toll", platzt Patrick heraus.
„Dann fliegt ihr ja mit dem Flugzeug."

Thomas zuckt zusammen. Dann sagt er
schnell: „Klar. Was denkst du denn? Mit
einer superschnellen Düsenmaschine.
Fast so schnell wie ein Tornado."

„Echt?" Patrick ist begeistert. „Und
siehst du auch Cowboys und Indianer?"

„Klar", sagt Thomas wieder. „Aber dir
erzähle ich bestimmt nichts davon."

„Warum denn nicht?", fragt Patrick.

„Darum", antwortet Thomas und geht einfach.

„Warum ist er plötzlich so komisch?", fragt Patrick Lisa, die neben ihm steht.

„Lass ihn", antwortet Lisa. „Ist sowieso ein alter Angeber. Nur weil er nach Amerika fliegt, bildet er sich sonst was ein."

Nach der Schule versucht Patrick es noch einmal. Eigentlich ist Thomas doch sein Freund. Aber er lässt Patrick einfach stehen.

Beim Mittagessen fragt Patrick seine Mutter, ob sie nicht auch mal nach Amerika fliegen können.

„Wie kommst du denn darauf?", fragt die Mutter. „Dir hat es doch in unserem Ferienhaus immer gut gefallen."

„Ja", antwortet Patrick. „Aber Thomas fliegt nach Amerika und …"

„Thomas fliegt nach Amerika?", unterbricht ihn die Mutter. „Ich dachte …" Dann spricht sie nicht weiter.

„Was dachtest du?", will Patrick wissen.
„Na, ich dachte, der Vater von Thomas ist
doch arbeitslos und da fahren sie gar
nicht weg."

„Meinst du, Thomas hat gelogen?"
Patrick ist empört. „Das erzähle ich aber
den anderen."

„Hör mal", sagt die Mutter vorsichtig.
„Erstens wissen wir es nicht genau und
zweitens: Warum, glaubst du, lügt Thomas,
falls er wirklich gelogen hat?"

„Na, weil er ein alter Angeber ist. Das
sagt Lisa auch", vermutet Patrick.

„Kann schon sein", sagt die Mutter. „Aber
könnte es nicht auch sein, dass er sich
schämt?"

„Warum das denn?" Patrick versteht
nicht.

„Na, weil in eurer Klasse alle wegfahren
und er nicht."

„Aber das stimmt überhaupt nicht",
protestiert Patrick. „Es fahren gar nicht
alle weg."

„Aber vielleicht glaubt Thomas das ja und vielleicht ist es für ihn auch besonders schlimm, weil sein Vater noch nicht so lange arbeitslos ist."

Patrick sagt nichts mehr. Darüber muss er erst nachdenken. Er geht in sein Zimmer, weil er weiter an seinem Legokran bauen will. Aber irgendwie hat er keine richtige Lust dazu. „Ich besuch' Thomas", ruft er seiner Mutter zu und geht.

Erst will Thomas ihn gar nicht reinlassen. Aber schließlich macht er doch die Tür auf. Patrick ist ein bisschen verlegen und Thomas guckt finster. Schließlich gibt Patrick sich einen Ruck und sagt einfach: „Ihr fahrt gar nicht nach Amerika, nicht?"

Thomas will widersprechen, aber dann senkt er einfach nur den Kopf.

„Macht doch nichts", sagt Patrick. „Wir fahren auch nur in unser Ferienhaus an der Schlei. Da fahren wir jedes Jahr hin. Mensch …" Patrick hat plötzlich eine Idee. Dass er da nicht eher drauf gekommen ist. „Willst du nicht mitkommen?", fragt er ganz begeistert. „Das Haus ist groß genug und wir könnten die ganzen Ferien zusammen spielen. Das wäre doch prima."

Thomas guckt ihn ungläubig an. „Geht das denn?"

„Na klar", antwortet Patrick. „Ich muss bloß meine Mutter fragen."

Patricks Mutter hat nichts dagegen. Im Gegenteil. Sie spricht auch mit den Eltern von Thomas. Die wollen erst nicht. Aber schließlich erlauben sie es doch.

Thomas und Patrick führen einen Indianerfreudentanz auf, als sie das hören.

„Na", sagt Patricks Mutter. „Dafür müsst ihr jedenfalls nicht erst nach Amerika. Das könnt ihr auch so."

„Amerika, Amerika", rufen Patrick und Thomas im Chor.

Und dann lassen sie sich einfach auf den Boden fallen und machen einen Ringkampf. Erst liegt Patrick oben und dann Thomas. Und wenn sie groß sind, fahren sie zusammen nach Amerika. Das haben sie sich fest versprochen.

Cordula Tollmien wurde 1951 in Göttingen geboren. Sie studierte Mathematik, Physik und Geschichte. 1980 begann sie auch literarisch zu arbeiten. Sie schrieb zunächst nur für Erwachsene, in erster Linie Kurzprosa. Seit 1986 schreibt sie auch für Kinder. Für ihr erstes Kinderbuch „La gatta heißt Katze" erhielt sie den Peter-Härtling-Preis für Kinderliteratur.

Lucy Keijser wurde 1957 auf der Insel Texel geboren. Sie studierte Modeillustration, aber das Illustrieren von Kinderbüchern fand sie dann doch viel spannender. Seit 1991 arbeitet sie mit Kollegen in einem Studio in Amsterdam.

Leselöwen

Der bunte Lesespaß

Loewe